AF462412

ROTHSCHILD, RAVACHOL & CIE

PAR

MORÈS & SES AMIS

PRIX : 0 FR. 25 C.

EN VENTE A PARIS

38, RUE DU MONT-THABOR, 38

1892

ROTHSCHILD, RAVACHOL & Cie

PAR

MORÈS & SES AMIS

Mon intention n'est pas d'insinuer que Ravachol est l'associé ou l'agent de Rothschild, mais en étudiant les origines et les procédés des deux personnages, je dois reconnaître que les résultats de leurs opérations sont identiques, bien que moins désastreux dans le cas de Ravachol ; l'un et l'autre font sauter les nations ou les maisons dans lesquelles ils s'introduisent.

Ceci posé, étudions l'origine de Rothschild. Mayer, dit Rothschild : origine avouée, le Ghetto de Francfort ; origine moins connue : un certain Mayer, domestique au service de la comtesse de Soissons.

Les Rothschild arrivent en France au commencement du siècle, dans les fourgons de l'étranger, enrichis par Waterloo, car partout où le sang de la France a coulé ils en ont profité.

Les Rothschild se mêlent à la Société française qu'ils exploitent par tous les bouts, et qu'ils font éclater par leur luxe honteux. Le premier résultat de ce luxe est de fermer des salons où il fallait causer et se tenir, et dont les hôtes ne disposant pas du crédit national ne peuvent offrir à leurs invités des perles dans des mangeoires d'or.

Une société se compose des sommités et des utilités nationales se réunissant pour se distraire, se connaître et causer.

La Société française ainsi constituée était l'école des belles manières.

Sous le patronage des Rothschild elle est devenue une foire où il faut être riche ou le paraître.

Le procédé du juif est d'une simplicité enfantine ; avant de commettre un mauvais coup il s'assure du juge, puis il y va gaiement.

Les Rothschild ont commencé par s'emparer des classes dirigeantes ; dépositaires des valeurs des familles, ils ont pu connaître leur situation et se sont emparés, par des procédés mathématiques, de ce qu'elles avaient de réel : châteaux, relations, bibelots, terres, argent, influence, beauté, honneur. Au début, sous prétexte de placements d'amis, ils donnaient en échange de tout cela des papiers de différentes couleurs, maintenant ils se préparent à simplifier les choses par un escamotage universel.

Pour mener à bien cette intéressante opération, ils ont pris les hommes par leurs goûts : « la chasse et le sport ». Ces passe-temps, autrefois l'école de la guerre, sont devenus chez eux des massacres de basse-cour. Le jeu achève les victimes ; les juifs sont sûrs de ne jamais perdre, l'argent ne leur coûte rien.

D'autre part, le luxe ambiant excita le goût des femmes pour la toilette, et attaquées de tous côtés, les modestes fortunes françaises, pépinières et caisses de retraite des véritables classes dirigeantes nationales, s'écroulèrent, laissant les Rothschild dans leurs salons bondés des dépouilles françaises, être l'arbitre des mauvaises mœurs et du mauvais ton.

Il fallait ensuite s'emparer de la confiance et du cerveau de la nation, du pouvoir, sans en prendre les responsabilités, et mettre enfin en coupe réglée les économies séculaires et le travail de la France. Les agents conscients ou inconscients des Rothschild, roi des juifs, furent :

Les francs-maçons,
La presse,
La bourse,
Le spectre rouge.

Etudions le rôle de chacun de ces agents avant de passer au portrait de Ravachol.

LES FRANCS-MAÇONS

Le rôle de la franc-maçonnerie est complexe. Avant d'en aborder l'étude, remontons à ses origines.

La franc-maçonnerie fut importée d'Angleterre en France, au siècle dernier ; elle a eu un rôle prépondérant pendant la révolution.

L'influence anglaise n'a pas cessé à l'heure actuelle d'y être prépondérante. Philippe-Égalité et Danton, son secrétaire, furent tous les deux dépositaires de la médaille de Cromwell, grand maître des francs-maçons.

Quand on saura que l'influence juive est prépondérante dans le conseil suprême de la franc-maçonnerie anglaise et que les intérêts du commerce anglais et de la banque juive sont identiques, on comprendra peut-être les raisons réelles de la politique d'intérêts suivie, aux dépens de la France, par certains hommes et par certains partis.

Nous allons donner un exemple récent de l'influence anglaise en France à l'heure actuelle.

La chute du dernier ministère, survenue le 18 février 1892, a été décidée dans une réunion maçonnique à Londres, un mois avant.

Les décisions prises à cette réunion ont été connues à

Paris. Ces décisions et, en particulier, *la date de la chute du ministère* ont été communiquées, un mois d'avance, à plusieurs témoins qui pourront en témoigner, s'il est nécessaire.

Arrivons au pacte intervenu entre les chefs de la franc-maçonnerie et les juifs.

Les francs-maçons se recrutent surtout parmi les commerçants et les bourgeois appartenant aux professions dites libérales, c'est-à-dire parmi les hommes ne produisant pas, à proprement parler, et pouvant être classés parmi les intermédiaires ; leur intérêt personnel est dans les mutations et n'est pas réellement national.

Aux franc-maçons fut donné le pouvoir et la direction de l'enseignement ;

Aux juifs, l'exploitation des finances nationales.

Mais pour mener le peuple, il fallait paraître lui rendre un service et combattre pour la défense de son travail, car la défense du travail est l'essence du droit des gouvernants.

Il fallait donc lui montrer un ennemi pendant qu'on vidait ses poches et son cerveau.

La noblesse n'existait plus avec ses privilèges voyants et agaçants ; on se rabattit sur le clergé.

La guerre contre le clergé faisait fort bien l'affaire de l'association.

Elle avait pour avantage d'égarer l'opinion publique, d'isoler dans leur cerveau les individus et de leur faire croire, sous prétexte de liberté, que leur expérience personnelle suffisait à lutter dans l'ordre physique et dans l'ordre moral contre l'expérience collective et quarante fois séculaire de leurs ennemis.

On mettait donc l'individu accablé par son travail quotidien, seul, sans religion et sans principes, en face d'une collectivité capitaliste en situation d'attendre, imbue des principes d'une religion de destruction.

La religion est la règle morale nécessaire à tout individu ou à toute nation, et ceux qui, sous un prétexte ou sous un autre, attaquent le plus violemment la religion des autres, le font au profit de la leur.

Un principe est l'expression d'une vérité dont l'expérience maintes fois répétée dans le passé a démontré l'évidence.

Un individu possédant une religion et des principes, c'est-à-dire une méthode d'action, arrivera au but avant celui qui procédera par tâtonnements, afin de se faire une religion et des principes.

Si à cela on ajoute la supériorité que donne la collectivité sur l'isolement, on verra que le Français, isolé en face de la franc-maçonnerie et des juifs, est condamné à une destruction certaine.

Sans nous attarder à suivre pas à pas les francs-maçons, étudions à l'heure actuelle l'action de leurs représentants, et, *d'après leurs actes*, concluons pour qui ils travaillent.

Le parti radical peut être considéré comme représentant la franc-maçonnerie en France. Ses principaux organes sont : *La Petite République française, l'Eclair, la Justice, la Lanterne.*

Sa plate-forme politique, telle qu'elle se dessine à l'heure actuelle, comprend : guerre aux catholiques, libre-échange, déviation du mouvement syndical, alliance anglaise, instabilité ministérielle, rupture de l'alliance russe.

Ses principaux hommes sont des ratés politiques, des

ambitieux inconscients et sans conscience, des juifs et des agents de l'étranger.

Pour comprendre cette politique, il faut étudier l'intérêt de l'Angleterre et l'on verra que le parti radical, les francs-maçons et les juifs sont les agents des Anglais en France. L'Angleterre, en effet, ne suffisant pas par sa production territoriale à sa consommation et à sa gourmandise, est devenue la nation commerçante du monde. Son fer et son charbon lui ont donné le moyen de transporter au meilleur compte les marchandises sur ses navires, et dans toutes les questions de commerce extérieur, neuf fois sur dix, la marchandise, même française, sera transportée sur un bateau anglais. Comme le fret, payable en or, représente souvent 50 0/0 de la valeur de la marchandise, on voit au premier coup d'œil quand il s'agit de l'Angleterre que le libre-échange est toujours à son profit.

Le commerce de l'Angleterre lui a fait chercher des débouchés. Le chiffre de ses affaires a amené la création de banques. L'Angleterre est devenue bientôt la nation capitaliste du monde par l'accumulation de ses profits. Elle a cherché à placer ses capitaux, c'est-à dire à faire travailler son argent; il lui fallait trouver des pays riches et des populations auxquelles elle créerait des besoins de façon à leur vendre des marchandises et à leur prêter de l'argent pour les payer. Toutes ces opérations lui ont fait bientôt comprendre les avantages du change et du libre-échange.

Le change, c'est-à-dire la réduction au même dénominateur, à son profit, de la mesure du travail, mesuré avec des mesures différentes dans différents pays. J'emploie exprès plusieurs fois le mot mesure pour ne pas me servir d'expressions techniques difficiles à comprendre.

Il va falloir définir en quelques mots ce qu'est la monnaie. C'est une quantité de métal servant à mesurer une quantité de travail ou ses équivalents. Les métaux précieux, c'est-à-dire les métaux les plus rares et ceux qui se conservent le mieux, ont de tous temps servi de mesure au travail. L'or et l'argent ont toujours servi à cet usage : presque toujours un rapport a été établi entre la valeur de l'or et la valeur de l'argent, analogue à la valeur entre un bœuf et un mouton, c'est-à-dire un bœuf représentait quinze moutons et comme au début une pièce d'or valait un bœuf, une pièce d'or valait quinze pièces d'argent.

Les Anglais et leurs alliés les banquiers juifs, voyant l'extension des opérations commerciales, l'extension du crédit et la raréfaction de l'or, ont fait le calcul suivant : Si l'argent est démonétisé, et si nous obligeons le monde des travailleurs à nous payer nos intérêts, nos marchandises, nos frets en or, comme nous possédons presque tout l'or et que tout notre crédit vaut de l'or, nous leur vendrons cet or au prix que nous voudrons et ainsi nous obtiendrons leur matière première et leur travail au prix que nous voudrons bien leur donner.

Ceci fut fait, et nous voyons depuis 30 ans les monométallistes partisans de la monnaie d'or et les bimétallistes partisans des deux monnaies, se promener de congrès en congrès sans que les masses se rendent compte du but de leurs efforts.

A l'heure actuelle les résultats obtenus sont les suivants : l'Amérique du Nord, après avoir emprunté autant de capital qu'il lui a été possible et avoir acheté les marchandises anglaises pendant qu'elle créait avec l'argent anglais ses voies de communication et son outillage industriel, a profité de la première occasion pour se débarrasser de son usurier par le bill Mac-Kinley et par des lois autorisant la frappe de l'argent, c'est-à-dire la fabrication de pièces de cent sous servant à mesurer le travail dans l'enceinte des Etats-Unis.

La République Argentine a agi avec encore plus de désinvolture ; après avoir pris tout ce qu'on a bien voulu lui donner, c'est-à-dire près d'un milliard, elle s'est contentée de le garder. L'Inde, qui jusqu'à présent rapportait bon an mal an par les profits sur le coton filé qu'elle achetait et par l'intérêt qu'elle payait sur les travaux publics qu'on lui imposait, commence à établir partout des filatures et le placement indien n'est plus pour l'Angleterre qu'une affaire de jours. La Chine et le Japon sont réfractaires à la civilisation anglaise et ne créeront leur outillage économique que quand ils seront capables de le faire eux-mêmes à leur propre profit.

L'Australie se sépare de plus en plus de la métropole. L'Afrique ne consomme guère que de l'eau-de-vie et des cartouches. L'Italie, l'Espagne, l'Autriche et la Turquie sont vidées. L'Allemagne n'est pas riche. L'Egypte voudrait bien rentrer chez elle et la Russie est peu accueillante. Il ne reste donc plus que cette bonne France avec son bas de laine. Si on lui faisait payer la note, rien de plus facile. N'y a-t-il pas les radicaux qui feront des crises ministérielles, qui prêcheront le libre échange chez les ouvriers des villes, qui dériveront le mouvement syndical et qui permettront au *Baron de Rothschild de livrer à l'Angleterre la Banque de France dont il est le régent?*

La France ne peut pas être libre-échangiste. La France est une démocratie agricole, essentiellement économe et civilisée. L'intérêt de la France est de retirer de son sol au profit de sa race la plus grande quantité possible de nourriture et de matière première, car si elle ne peut pas vendre ses produits, elle pourra au moins les manger; *elle n'a rien de ce qu'il faut* pour se créer des débouchés à l'extérieur, soit dans ses colonies soit dans d'autres pays.

L'instabilité de son gouvernement, l'incapacité et l'étroitesse de vue de ses gouvernants ne lui permettent aucune entreprise de longue haleine; ses représentants à l'étranger traitent nos commerçants comme des forçats échappés, au lieu de comprendre qu'ils sont les serviteurs des intérêts français, et dans ces conditions, notre commerce ne peut s'étendre, n'étant ni protégé ni assuré du lendemain.

Notre marine marchande, empêtrée par des règlements antédiluviens, ne peut lutter contre celle des autres nations; ainsi dans les mers de Chine il y a 14,000 bateaux anglais contre 45 français, y compris les messageries subventionnées.

Si la France et les ouvriers français, trompés par de prétendus comités de défense de l'alimentation, où l'on trouve en première ligne : MM. Lockroy, Millerand, Goblet, etc., se laissent aller à permettre que le paysan français, fondateur de la puissance de la nation et producteur de ce qui est nécessaire à la vie, soit mis en concurrence malgré les impôts qu'il paye et malgré l'impôt du sang qu'il fournit, avec des producteurs américains cultivant des terres neuves coûtant 5 francs l'hectare et franches d'impôts, et avec des Indiens travaillant sous le bâton afin que la moitié de l'argent payé pour du blé aille dans la poche de l'Angleterre qui le transporte sur ses bateaux, la France est perdue. Quand le paysan épuisé aura abandonné sa terre, l'ouvrier sera très étonné de ne plus trouver ses anciens débouchés, les pays neufs, en grandissant, cherchant à s'affranchir ; ce qui arrive à l'Angleterre en est la preuve, la statistique suivante, datée du 11 avril courant, en fait foi :

« Le ministère du commerce anglais appelé *Board of Trade* vient en effet de publier les résultats du commerce pendant le mois de mars.

« Les importations augmentent de 1,451,000 livres sterling pendant ce mois, et, d'autre part, les exportations diminuent de près de 2 millions de livres sterling.

« En somme, l'ensemble des transactions du premier trimestre de 1892 montre une augmentation de près de 8 millions de livres en importations et une diminution de près de 4 millions de livres en exportations.

« Cette situation du commerce anglais s'aggrave chaque mois davantage depuis bientôt deux ans, et les gens compétents cherchent dans la presse et dans les réunions à trouver un moyen d'arrêter ce mouvement en arrière dans les transactions commerciales et industrielles.

« On attribue généralement cet état de choses : 1° aux effets du bill Mac-Kinley en Amérique ; 2° au contre-coup des nouveaux tarifs adoptés en France ; 3° enfin, à ce que le public anglais semble n'avoir plus aucune confiance dans les pays étrangers, d'où il retire par un moyen quelconque tous les placements faits par lui précédemment.

« L'augmentation dans les importations est extraordinaire, surtout pour les articles d'alimentation et la boisson.

« Ainsi, pendant qu'on importait pendant le premier trimestre 1891 pour 3 millions 1/2 de grains, pendant la même période de 1892, l'importation s'élevait à plus de 5 millions sterling.

« Pour la farine, on passe de 1,012,000 livres sterling à 3,554,000 pour la même durée.

« Pour la viande conservée, de 4 millions 1/2, on atteint 5,183,000 livres et ainsi pour les autres articles. »

Plus l'on monte dans l'ordre du travail rémunérateur, plus la clientèle se restreint et les grands débouchés sont toujours fournis par les besoins quotidiens : nourriture, vêtements et logement. Pour que la France vive, il faut avant tout que la famille paysanne puisse prospérer sur le sol de France, que le paysan soit le meilleur client de l'ouvrier, que l'ouvrier soit le meilleur client du paysan, que l'un et l'autre puissent manger beaucoup des produits du sol et devenir eux-mêmes des consommateurs de vêtements, de logement, d'ustensiles de ménage et de quelques objets de luxe. Voilà les vrais débouchés de la France ; ceux qui disent le contraire sont des inconscients ou des traîtres.

La France aura toujours, grâce à son climat, aux qualités de sa race, au produit de son sol, le privilège d'attirer chez elle les étrangers. Ceux-ci emporteront toujours nos œuvres d'art, nos modes, nos vins et notre littérature. Voilà notre véritable exportation.

Après avoir montré le rôle d'un des auxiliaires des juifs, la franc-maçonnerie, parlons maintenant du rôle de la presse.

II. — LA PRESSE

Tout le monde sait que le budget de la plupart des journaux est constitué en grande partie par des annonces et de la publicité financière.

Les nouvelles ayant pour résultat de modifier les valeurs de Bourse, il était nécessaire aux financiers de les contrôler ; de plus, pour constituer un journal, il faut des capitaux. Les capitalistes, ayant un intérêt dans la diffusion des nouvelles et en situation d'obtenir le concours financier des courtiers en annonces et des courtiers en finances, se portèrent vers les entreprises de presse, et comme résultat nous voyons les actions des journaux, les agences de publicité, les agences de nouvelles, les sociétés financières appartenir aux mêmes hommes et défendre les mêmes intérêts aux dépens du public. Il est donc presque impossible de traiter ou de faire traiter à fond dans la presse contemporaine les grandes questions économiques qui sont d'intérêt général et contraires aux intérêts des propriétaires de la presse actuelle.

Les travailleurs isolés paient l'impôt pour être défendus; ils n'ont donc pas de surplus disponible pour se défendre, et en France surtout, ils n'en ont pas encore l'habitude.

Les seuls intérêts qui peuvent prétendre à une défense déterminée de la part de la presse actuelle sont ceux qui peuvent fournir des dividendes aux actionnaires.

Certaines questions ne peuvent être traitées dans les journaux.

A l'abri de la presse, le juif est en sûreté. Pour donner un exemple, il suffira de dire que, il y a quelques mois, une société de publicité à un très-gros capital fut fondée à Londres pour défendre en Europe les intérêts anglais et sémites, en répandant des articles et des nouvelles télégraphiques susceptibles de favoriser leurs entreprises.

Un juif, naturalisé Français, et dont les sentiments de haine pour la France sont bien connus, M. de Blowitz, la dirige de Paris ; les hommes qui savent lire voient journellement paraître dans tous les journaux des articles monstrueux au point de vue du patriotisme et des intérêts nationaux, inspirés par cette officine.

La tendance en est facile à suivre : instabilité gouvernementale en France, rendant impossible la défense de nos intérêts à l'étranger, surtout en Egypte, au Tonkin et en Afrique; libre échange livrant aux parasites juifs et aux Anglais les ressources de la France ; déviation de l'organisation syndicale par la guerre religieuse ; rupture de l'alliance franco-russe qui doit amener en Europe une révolution non seulement politique mais encore économique. S'il est une question qui intéresse l'existence même de la nation, c'est le renouvellement du Privilège de la Banque de France. Ce privilège donne à ses détenteurs l'usage du crédit national, et Rothschild est leur maître.

Toute entreprise nécessitant des ressources importantes ne pourra trouver de crédit, c'est-à-dire de moyen d'action :

1° Si elle n'est pas conforme aux vues et aux intérêts de M. de Rothschild ;

2° Si elle n'est pas faite à son profit ;

3° Si cette entreprise est réellement productive elle sera écartée, car la banque juive préfère prêter les ressources de la France à des gouvernements étrangers, pour des dépenses stériles ou nuisibles, leur commission et leurs intérêts leur étant assurés par l'impôt, tandis que dans le travail il faut toujours s'associer aux intérêts de la nation.

Nous sommes en présence d'un privilège qui prend fin au 31 décembre 1897, c'est-à-dire dans plus de cinq ans, et à l'heure où l'organisation du travail en France est à la veille de subir une transformation complète par la création des syndicats, on ose proposer de livrer pour vingt-trois années, à des étrangers, le pouvoir de permettre ou d'empêcher de travailler en France. Eh bien ! pour cette question passionnante entre toutes, le concours de la presse ne peut être obtenu ; les journaux qui prêteraient leur concours à une pareille campagne perdraient, de ce chef, tous leurs revenus.

Il va donc falloir se servir de la voix humaine sur la voie publique et demander aux citoyens de bonne volonté un coup de main, afin qu'il s'élève de toutes parts une clameur terrible qui empêche les représentants de la nation de livrer à l'étranger et à ses agents les instruments de travail de la nation.

En Angleterre l'Etat s'est réservé le droit de retirer le privilège à la Banque en la prévenant un an d'avance.

Le privilège de la Banque en Allemagne n'a qu'une durée de dix ans ; pourquoi faut-il en France enchaîner la fortune de l'Etat pendant trente ans ?

Un pareil acte de la part des représentants ne peut s'expliquer que par la vénalité ou la trahison.

III. — LA BOURSE

La Bourse, au début centre des échanges, n'est plus qu'un instrument de spéculation. Les spéculateurs ont cherché à s'emparer des biens réels, fruit du travail, en donnant en échange des valeurs fictives, fruits de la spéculation. Aujourd'hui que, grâce à la complicité des gouvernements, ils ont pu échanger pour du papier à vignettes, non seulement presque toute la propriété réelle mais encore la presque totalité des impôts du présent et des résultats du travail de l'avenir, ils s'aperçoivent que la situation ne peut durer plus longtemps, que les peuples opprimés émigrent et que les gouvernements, leurs prisonniers de par le besoin d'argent, n'ont plus de garanties suffisantes à leur donner pour attirer les économies des travailleurs.

Les spéculateurs et les juifs se préparent donc, dès que les espèces et les valeurs réelles en leur possession seront en plus grande quantité que les papiers, actions et obligations par eux détenus, à créer une panique dont les plus gros perdants seront toujours les travailleurs chrétiens, et qui permettra aux juifs après l'orage, d'acheter à vil prix tout ce qui ne sera pas encore à eux.

A l'heure actuelle les Rothschild et les juifs, aidés par leur complice Rouvier, préparent le krach suprême de l'épargne française.

L'argent des caisses d'épargne sert à acheter à 96 fr. la rente aux juifs qui l'ont achetée à 67 fr. Le numéraire français va aux juifs et le papier retourne à l'épargne avec une plus-value de 50 0/0.

Il n'y a pas d'argent pour les affaires ou le commerce ; il y en a pour les juifs.

En même temps que l'or français est envoyé par eux à

l'étranger, ils font entrer en France de la monnaie divisionnaire d'argent étrangère dépréciée de 35 0/0, et à l'heure actuelle les juifs et les Rothschild ont fait sortir de France 900 millions en or, qu'ils ont remplacé par 900 millions en argent ne valant que 600 millions.

De pareils agissements sont au premier chef un danger pour l'Etat et ceux qui s'y livrent sont coupables de haute trahison.

La France ne pourra jamais travailler à son organisation économique tant que Rothschild, le roi des accapareurs et des spéculateurs sera le maître de son crédit et en mesure de déterminer une panique au moment où il le jugera opportun.

Voilà pourquoi, à la veille d'une crise, il est dangereux, il est même mortel pour la nation de laisser entre les mains des ennemis avérés de la France et des agents de l'étranger les réservoirs de la fortune et du crédit français.

IV. — LE CRÉDIT OUVRIER.

Nous combattons le renouvellement du privilège de la Banque avant les élections générales ; *nous voulons le Crédit de la France aux français producteurs, et voici comment* :

— Qu'est-ce que le crédit ? en général.

— Le crédit est une avance consentie sur un produit dû travail avec la quasi-certitude de paiement à l'échéance fixée.

Un exemple :

— Sur quelle donnée s'établit le crédit de l'Etat ?

— Sur la conviction que les travailleurs du pays acquitteront l'impôt voté au chapitre des recettes.

— Qui devrait profiter de ce crédit ?

— Le travailleur français, producteur de l'impôt et du travail sur lequel il est prélevé.

— Qui profite de la confiance de l'Etat dans le rendement du travail français et qui en escompte les bénéfices ?

— Le juif et, avec le juif, les accapareurs de toutes races et de toutes religions.

— Pourquoi les juifs et les judaïsants sont-ils à peu près les seuls à en profiter ?

— Parce que cela plaît ainsi aux détenteurs et aux dispensateurs du crédit public national.

— Sur quelle base s'établit la confiance des détenteurs du crédit public envers les juifs et les judaïsants ?

— Sur rien.

— Le travailleur français doit-il profiter directement et sans intermédiaire du crédit dont dispose à son gré la Banque de France?

— Evidemment, puisqu'il est l'unique producteur de l'impôt, et, qu'en outre, investi en République d'une portion de souveraineté, il doit jouir d'une part des prérogatives souveraines. Or, une de ces prérogatives consiste en la libre disposition, pour l'intérêt général, de l'argent qui circule dans le pays.

— Cette doctrine n'offre-t-elle pas de graves inconvénients ?

— Distinguons. L'ouvrier isolé et laissé à ses propres forces n'offre que des garanties aléatoires, et la mort, l'inconduite ou les accidents peuvent, d'un jour à l'autre, les réduire à néant. L'ouvrier groupé, répondant de ses camarades comme ses camarades répondent de lui, présente un ensemble de garanties plus respectables au point de vue financier que celles du commerçant dont les affaires paraissent le plus prospères, à plus forte raison que celles du banquier dont le crédit est le plus souvent fictif.

— Quel usage les ouvriers feront-ils du crédit de la France mis à leur disposition ?

— Ils achèteront et paieront comptant leurs instruments de travail, au lieu de les louer aux capitalistes qui leur en font payer la location à un prix usuraire. Ils percevront l'intégralité des fruits de leur travail, au lieu de les partager avec les intermédiaires dans la proportion de 50 °/₀ au moins.

— Quel usage les juifs ont-ils fait du crédit de la France qui leur a été concédé presque exclusivement, par suite d'une faveur incompréhensible?

— Ils ont accaparé d'abord tout le métal en circulation, puis les matières premières, puis les instruments de travail. De cette façon, ils se sont rendus maîtres de presque toute la production française et ont réduit les producteurs à la condition humiliante de prolétaires.

— Comment les juifs ont-ils, en moins d'un siècle, accaparé toute la monnaie de France?

— En altérant, par l'agio, sa valeur réelle.

Nous avons exposé plus haut ce qu'est la monnaie, mesure de travail, et comment les juifs ont altéré la monnaie en exploitant ce qu'ils appellent entre eux *le secret du change.*

En provoquant la fluctuation des cours des valeurs mobilières, ils ont ajouté à ce procédé déjà criminel une véritable fabrique de fausse monnaie.

On sait que la majeure partie des transactions, au lieu de se régler au comptant, en numéraire, se soldent par des « promesses de paiement à terme », en d'autres mots, par des billets à ordre. La valeur de ces promesses dépend de ceux qui les font.

L'application de ce système est générale; c'est un besoin moderne du commerce et de l'industrie. L'Etat en a exagéré les conséquences à son profit. Il a créé un billet à ordre permanent, c'est-à-dire un argent fictif dont il contresigne ou garantit la valeur. Le monopole constitué, l'Etat l'a ensuite vendu ou transmis à un établissement privilégié, la Banque de France.

Par son organisation, la Banque de France n'est pas seulement le réservoir national de nos métaux précieux, elle est aussi la régulatrice et la dispensatrice du Crédit. Puissant instrument de prospérité publique, si elle contient ses opérations dans les limites d'une sage raison ; instrument de désorganisation et de ruine le jour où elle s'avise de les franchir, car son monopole est sans contre-poids.

Les Juifs se sont emparés, en fait sinon en droit, de cette institution ; maîtres incontestés de la forteresse, ils en ont modifié à leur profit la destination nationale ; ils ont transformé la fabrique des billets de banque en véritable planche aux assignats, enfin, ils ont abusé du Crédit qu'ils ont usurpé pour fausser le prix de toutes les marchandises.

Mais pour éclaircir ces différents points, des explications sommaires seraient insuffisantes. Il est nécessaire d'exposer assez longuement, d'après les meilleurs auteurs, le fonctionnement de la Banque de France.

V. — LE FONCTIONNEMENT DE LA BANQUE DE FRANCE

Et tout d'abord, qu'est-ce qu'une Banque d'émission ?

— C'est, dit M. J. Defly, un établissement de crédit qui, ayant réuni un capital quelconque et désirant utiliser ce capital, vient dire aux négociants :

« Vous, M. A..., avez vendu à M. B.... pour une certaine somme de marchandises ; mais, comme M. B.... n'est généralement qu'un intermédiaire, qu'il n'achète que pour revendre, et ne rentrera dans la valeur de ces marchandises que lorsqu'elles seront consommées, ce qui nécessite un délai évalué, *grosso-modo,* à quatre-vingt-dix jours, M. B..., au lieu de vous solder en espèces, vous a donné en paiement un billet échéant dans trois mois. Or, vous, M. A..., avez peut-être besoin de votre argent de suite, soit pour produire à nouveau, soit pour vos besoins personnels, soit pour tout autre usage.

« S'il en est ainsi, adressez-vous à moi et je vais vous verser, dès à présent, sous déduction d'un escompte de 3, 4 ou 5 0/0 l'an, la somme que M. B... ne s'était engagé à vous payer que dans trois mois. »

Puis la Banque ajoute :

« Si, pour votre commodité, vous préférez du papier aux espèces sonnantes, je vais vous donner des billets revêtus de mon estampille, et comme ces billets sont représentés dans ma caisse par leur contre-valeur en numéraire, vous aurez toujours la faculté de les échanger à présentation contre leur équivalent en espèces. »

Cette opération, qui rentre dans le droit commun, soit qu'elle s'effectue sous forme de chèque, ou sous forme de billet de banque, n'a pas tardé à suggérer une remarque :

c'est que la monnaie de papier, grâce à la commodité de son emploi, avait fini par être préférée de beaucoup au numéraire (1), qu'il ne se présentait que très peu de billets à l'échange et que les espèces monnayées constituant le capital de la Banque restaient, pour ainsi dire, intactes dans ses caisses.

Un second fait est venu souligner, d'une façon significative encore, la préférence accordée au billet de banque sur la monnaie métallique, le jour où les détenteurs de numéraire sont allés proposer d'eux-mêmes, à la Banque, d'accepter leurs fonds en dépôt, à condition de recevoir des billets de banque en échange, ou de pouvoir disposer à vue du montant de leur dépôt.

Par suite de ce double phénomène, aboutissant au même résultat, celui de démontrer la supériorité du billet de banque sur la monnaie métallique, la Banque s'est trouvée devenir le grand réservoir naturel de toute la portion de numéraire qui n'était pas strictement indispensable à l'appoint des transactions courantes.

On remarquera que, jusqu'à présent, nous avons basé notre raisonnement sur l'hypothèse d'une Banque fonctionnant avec son propre capital (entièrement représenté par des espèces métalliques) et ne délivrant ses billets remboursables à vue et au porteur que pour un montant égal à celui de son capital, augmenté des dépôts en numéraire qui lui sont confiés par des tiers.

Dans ces conditions, il est évident que la Banque est toujours en mesure de remplir l'engagement pris et accepté par elle, de rembourser, sur l'heure et en totalité, les billets

(1) La démonstration pratique de cette préférence résulte d'une façon évidente de ce fait que la livre-sterling en or se paie 25,25 et la bank-note 25-26.

payables à vue et au porteur qu'elle a mis en circulation.

Mais, ainsi que nous venons de le constater, les billets de banque étant préférés au numéraire, et l'expérience ayant démontré qu'il s'en présente très peu à l'échange, on en a conclu, avec beaucoup de logique, que leur circulation pouvait être portée sans inconvénient à un chiffre sensiblement supérieur à l'encaisse métallique de la Banque.

C'est en se basant sur cette observation pratique que l'Etat a cru pouvoir prendre sur lui de conférer à la Banque le privilège d'émettre des billets pour une somme beaucoup supérieure au montant de son encaisse.

Nous devons déclarer qu'au point de vue du droit strict, ce privilège n'est guère plus soutenable que la plupart des autres privilèges. Deux exemples suffiront pour le démontrer :

1° Du moment que la Banque émet des billets pour un chiffre supérieur à son encaisse, il lui devient matériellement impossible de rembourser à vue la totalité de ses billets contre espèces, malgré l'engagement formel assumé par elle;

2° En basant l'émission de ses billets, non seulement sur le capital qui lui appartient en propre, mais aussi sur une encaisse métallique provenant de dépôts confiés à sa garde par des tiers, **lesquels n'ont jamais entendu lui verser leurs fonds pour servir de garantie à la circulation, mais bien pour être libres de les retirer à volonté**, la Banque commet, dans toute l'acception du terme, un acte qui ressemble plus ou moins à un abus de confiance.

Cela est tellement vrai que, si tous ceux qui ont déposé leur numéraire à la Banque s'avisaient d'user de leur droit pour en réclamer le remboursement, la Banque serait hors d'état d'opérer cette restitution.

VI — LES TRIPOTAGES DE LA BANQUE DE FRANCE

Comment la Banque opère-t-elle aujourd'hui ?

Écoutons encore M. Defly :

Il est facile de déduire, de ce qui précède, qu'une Banque d'émission ne travaille pas avec son capital propre, mais bien avec les fonds qui lui sont confiés, et que **tous ses bénéfices proviennent exclusivement du privilège qui lui est concédé.**

Il suffit d'aller au fond des choses pour le démontrer d'une façon irréfutable.

Que fait cette Banque, en effet ?

Elle ne fournit **aucun capital** au commerce ou à l'industrie. Elle se borne, en réalité, à recevoir un papier revêtu de la signature de plusieurs négociants réputés solvables et à leur remettre, en échange, un autre papier revêtu de son estampille.

Mais, dira-t-on, ce dernier possède l'avantage de pouvoir être échangé, à présentation, contre des espèces.

Nous venons de démontrer que cette promesse repose sur une pure fiction et que l'encaisse de la Banque est exclusivement alimentée par des sources d'origine accessoire.

Le capital de la Banque ne remplit, à vrai dire, qu'un seul rôle, celui de **fonds de garantie** ; et, comme cette fonction n'empêche pas ce capital d'être productif par lui-même, et que les risques qu'encourt la Banque sont à peu près nuls, il en résulte que cet établissement pourrait, à la rigueur, se passer de capital, et que, en tous cas, celui dont il dispose ne profite uniquement qu'à lui seul.

Cette assertion, qui paraît tout d'abord paradoxale, est tellement vraie, en ce qui concerne la Banque de France, que son capital tout entier, y compris ses réserves, est employé en rentes et en immeubles, ce qui aboutit à constater que **la Banque travaille uniquement avec l'argent du public** et doit les 9/10e de ses bénéfices au privilège que lui concède l'Etat, d'une part, et aux dépôts que lui confient les particuliers, d'autre part.

Quant à son capital propre, elle l'utilise, en bon père de famille, à **son profit personnel** et en rentes sur l'Etat, qui joignent à tous ces avantages celui d'avoir été acquises par elle à très bas prix.

En condensant, pour plus de clarté, les faits qui précèdent, nous arrivons à établir, d'une façon irréfragable, que :

1° Le rôle d'une Banque d'émission se réduit, pour ainsi dire, à une seule fonction, celle de **contrôleur**.

2° La Banque peut fonctionner sans posséder d'autre capital qu'un **capital de garantie**, destiné à parer aux pertes qu'elle est exposée à subir, et qui, par le fait, se réduisent à néant dans la pratique.

3° La contre-valeur des billets de banque est représentée **tout entière** par les effets de commerce que la Banque détient en portefeuille, et par les dépôts en numéraire qui lui sont confiés par des tiers.

4° La Banque n'est en mesure de rembourser, **à vue**, qu'une partie seulement de ses billets en circulation ; encore est-elle obligée, pour arriver à ce résultat, de s'approprier le numéraire confié à sa garde sous forme de dépôt.

5° En échange des services qu'elle est appelée à rendre, la Banque bénéficie de l'escompte sur un portefeuille qui peut s'élever, non seulement au triple de son propre capital (ce dernier, nous ne saurions trop le répéter, ne joue qu'un rôle tout à fait insignifiant, pour ne pas dire négatif) *mais au triple d'une encaisse métallique qui lui est fournie gratuitement et bénévolement par des tiers.*

VII. — SUITE DES TRIPOTAGES DE LA BANQUE DE FRANCE

Les accusations portées par Chirac contre les procédés de la Banque de France sont plus formelles encore.

Voici un important extrait de son livre si fortement documenté : *Où est l'argent ?*

J'arrive à l'accusation grave que j'ai formulée contre la sincérité des bilans de la Banque de France.

Depuis quelque temps, déjà, un fait avait attiré mon attention.

Les billets de banque appartenant aux nouvelles émissions ne portaient plus l'ancienne mention :

Sera payé en espèces, à vue, au porteur.

Dans quel intérêt, me disais-je, la Banque a-t-elle supprimé cette petite mention ?

Il n'en fallut pas davantage pour éveiller ma curiosité et aussitôt celle-ci éveillée, je dus, pour la satisfaire, fouiller les statistiques et dépouiller les chiffres.

Je ne tardai pas à mettre le doigt sur la plaie.

Aussitôt la découverte faite, je me hâtai de jeter le premier cri d'alarme.

Et j'écrivis ce qui suit :

» S'il faut m'en rapporter aux bilans hebdomadaires publiés par la *Banque de France*, celle-ci aurait en caisse, à très peu de chose près, DEUX MILLIARDS ET DEMI en numéraire ou lingots.

« Mais qui donc contrôle la *présence* réelle de cette masse métallique dans les coffres de la Banque ?

« Tout le monde et personne.

« En effet, le rapport annuel des censeurs, lesquels ont

soin de déclarer avoir *vu* une foule de choses, ne contient aucune mention de vérification à l'égard des espèces.

« Or, il faut savoir :

« *1° Que, depuis la liquidation du krach (1883), la Banque s'est livrée à de nombreuses émissions de* billets *sans motif appréciable, et en supprimant la mention : remboursable à* VUE ;

« *2° Que, depuis la même époque, l'encaisse déclarée a toujours dépassé* DEUX MILLIARDS ;

3° Que, depuis la même époque, jamais les existences accusées en fin d'année, *à Paris*, n'ont atteint SEPT CENT MILLIONS ;

« Qu'enfin, parmi les nombreux tableaux du rapport annuel détaillant la situation des comptes, succursale par succursale, PAS UN SEUL NE MENTIONNE LES EXISTENCES MÉTALLIQUES DANS CHAQUE SUCCURSALE, EN FIN D'ANNÉE.

« Il est vrai, un tableau donne des *moyennes* annuelles ; mais ces moyennes n'ont aucun rapport commensurable avec la réalité des espèces en stock.

« De sorte que UN MILLIARD POURRAIT AVOIR DISPARU COMPLÈTEMENT SANS QUE PERSONNE PUISSE LE CONSTATER.

« Au moment où l'on parle de renouveler le privilège de la Banque de France ;

« Au moment où certains de ceux qui appuient ce renouvellement invoquent les avantages d'un trésor de guerre ;

« J'ai pensé qu'il était de mon devoir de signaler AU PUBLIC, et, *s'il lui plaît*, au *gouvernement*, cette grave circonstance.

« Mais, je ne le dissimulerai pas :

« Je m'attends également : ou à un silence complet ou à des cris de colère.

« Si l'on se tait, j'en prendrai acte comme d'un aveu.

« Si l'on discute, je suis prêt à répondre.

« Mais, dans les deux cas, je mettrai les points sur les i.

« Que ceci soit bien entendu (1). »

Naturellement, aucun journal ne souffla mot, aussi, dès le lendemain, je continuai.

Cette fois, et surtout afin de provoquer une réponse, je m'attaquai au financier qui, notoirement, a la plus haute influence et le plus haut crédit à la Banque de France.

Voici ce que j'écrivis :

Déjà, depuis longtemps, je soupçonnais l'horrible pieuvre qui a sa tête à la rue Laffitte, de disposer souverainement, pour ses combinaisons usurières, de l'énorme encaisse métallique accumulée à la Banque de France.

J'avais même signalé, dans un de mes ouvrages (*L'agiotage sous la troisième République*), un trafic extraordinaire de notre monnaie d'or, pratiqué presque ouvertement en 1880.

Mais jamais je n'aurais cru que les censeurs de la Banque de France fussent assez oublieux de leur devoir pour fermer les yeux sur l'absence absolue de contrôle, en ce qui concerne l'encaisse métallique, cette chose principale, *cette* raison d'être unique *du monopole accordé aux capitalistes qui composent le conseil de régence, et dont Rothschild est le plus beau fleuron.*

Il en est ainsi pourtant.

Non pas que je veuille accuser les caissiers de Paris de s'être faits les complices d'un détournement ; si je le croyais, je le dirais.

Non ! Rothschild est leur maître, et ils lui obéissent.

---

(1) *L'Egalité* du 22 janvier 1890.

Ils versent à Rothschild ce que Rothschild leur demande, voilà tout.

Mais Rothschild veut que cela soit fait sans que le public en ait connaissance.

Sans que les bilans publiés en contiennent une trace révélatrice.

Pour ce motif : toute la puissance de ses opérations réside dans le secret dont il sait entourer ses mouvements métalliques.

Oui, c'est ainsi, et je le sais parce que j'ai fort étudié les procédés de la rue Laffitte ; je les connais même à ce point que si j'étais ministre des finances et si j'avais carte blanche, *je me ferais fort de reprendre à Rothschild, en moins de dix-huit mois, les sommes immenses dont il a dépouillé la France.*

Et je ferais cela sans user de violence, mais simplement en lui prenant ses procédés, suivant un mode d'opérer que je n'ai pas à révéler ici.

Rothschild le sait bien, allez ; il sait aussi que, seul, un ministre des finances français *pourrait le terrasser, et c'est pourquoi il ne tolère à ce poste que des ignorants comme Allain-Targé, Peytral, etc., ou des domestiques comme Léon Say, Rouvier, etc...*

Heureusement, je n'ai pas besoin d'être ministre des finances pour affirmer ma conviction que, depuis cinq ans au moins, les bilans de la Banque de France accusent des encaisses métalliques *supérieures* à la réalité.

Et qu'au moment où j'écris ces lignes, si, le même jour, à la même heure, des commissaires spéciaux vérifiaient, simultanément, les encaisses de Paris et de toutes les succursales, ils découvriraient :

1° Que les stocks métalliques sont d'environ *un milliard* inférieurs au chiffre déclaré par les bilans ;

2° Que cette infériorité porte, jusqu'à concurrence d'environ sept cent cinquante millions, sur la monnaie d'or.

Il suit, de là, que les billets en circulation, n'ayant pas une égale représentation en numéraire, ne pourraient pas être remboursés *à vue*, si on les présentait en masse.

Il suit de là, aussi, qu'un particulier jouit d'un monopole secret qui le soustrait à la concurrence et lui permet de concentrer entre ses mains toutes les ressources de la France.

Il suit de là, enfin, qu'en cas de révolution ou de guerre, ceux qui espèreraient trouver à la Banque un trésor de réserve, n'y découvriraient, probablement, qu'une somme dérisoire, *en argent*.

VIII. — LE RENOUVELLEMENT DU PRIVILÈGE DE LA BANQUE DE FRANCE

Nous avons tenu à montrer bien clairement l'usage que les Juifs en général, et plus particulièrement leur chef reconnu, Rothschild, ont fait du Crédit national, concentré dans le privilège de la Banque de France.

On parle, dès aujourd'hui, de le renouveler, quoiqu'il ne tombe à échéance que dans plusieurs années, et de le renouveler précisément au profit de ces mêmes Juifs.

Est-ce aberration ? est-ce complicité ?

Le Crédit entre les mains des Juifs mène fatalement à la banqueroute universelle par la voie la plus rapide.

Voilà pourquoi, au nom du patriotisme français, nous proposons de leur enlever, sans retard, une arme aussi dangereuse et de l'attribuer au peuple, qui saura s'en servir au profit de l'agriculture, du commerce et de l'industrie, c'est-à-dire en vue de la prospérité nationale.

Quels éléments voyons-nous en présence dans une entreprise quelconque :

1° La matière première ;

2° La main-d'œuvre ;

3° La direction ;

4° L'outillage, le capital et le crédit.

Aujourd'hui, pour obtenir ces derniers éléments, il faut s'adresser aux banquiers qui, aidés par le Crédit de l'Etat, dont ils ont l'usage exclusif, fournissent aux travailleurs et aux dirigeants l'outillage et le fonds de roulement qui sert à acheter la matière première. Ces banquiers paient une redevance à l'Etat, c'est-à-dire à sa banque privilégiée. Ils se rattrapent sur les patrons, auxquels ils extorquent le plus net des bénéfices, soit par le taux de l'escompte, soit par une majoration éhontée de leurs avances, majoration déguisée sous le nom d'apports ou de parts de fondateurs. Qui pourra compter le nombre d'intermédiaires que le patron est contraint de rémunérer avant de pouvoir fixer à un prix raisonnable le salaire de ses ouvriers ? heureux quand ces intermédiaires n'exigent pas une telle participation aux bénéfices que l'affaire est tuée dès sa naissance !

Quelles sont les victimes de ces multiples courtages ?

Evidemment les ouvriers, puisque l'argent destiné à rétribuer les courtiers est prélevé sur le produit de leur travail, c'est-à-dire sur leurs salaires réduits d'avance.

En vérité, cela n'est pas juste !

D'autant moins juste qu'il serait bien difficile de citer un banquier et, à plus forte raison, un juif qui ait employé patriotiquement l'argent si facilement gagné par lui, qui ait pris l'initiative d'une entreprise avantageuse à la nation, utile à l'humanité. Cet argent, ils le prêtent aux Etats étrangers, quelquefois ennemis ; ils privent ainsi la France de son numéraire et ils aggravent les maux des autres peuples, dont on augmente les charges pour le service des dettes toujours croissantes. Les juifs favorisent aussi, moyennant des commissions usuraires, les émissions malhonnêtes et lointaines comme le Panama, ou bien encore ils corrompent les détenteurs du pouvoir et les représentants de la nation, qui ferment volontairement les yeux sur les scandales financiers engloutissant, périodiquement et d'un bloc, toute l'épargne du pays.

. — LA VALEUR FINANCIÈRE DES TRAVAILLEURS

Le privilège de la Banque de France, tel qu'il existe, est évalué, d'après la prime sur les actions, à 611 millions. Le projet de renouvellement porte autorisation d'émettre pour cinq cent millions de billets de banque nouveaux, ce qui élève à plus d'un milliard la valeur dudit privilège.

Puisqu'on juge que la France est encore assez riche pour faire un cadeau d'un milliard à Rothschild, nous demandons qu'au moins une partie de cette somme profite à ceux qui la produisent et qui, en outre, en soldent les intérêts annuels, nous voulons parler des travailleurs de France.

Un simple amendement au projet du gouvernement réalisera nos vœux.

Que les concessionnaires du royal privilège soient tenus d'ouvrir un compte spécial aux syndicats d'ouvriers.

Chaque travailleur ayant satisfait à la loi militaire recevra un livret lui donnant droit à un crédit *maximum* de 5,000 fr. (1). L'usage de ce crédit ne lui sera acquis que sur la garantie d'un groupement syndical pour un but de travail déterminé.

Si le travailleur veut changer de groupement syndical, la mutation sera faite par une chambre syndicale de compensation.

Les groupements syndicaux s'engageront à payer un intérêt de 5 p. 100 sur les crédits employés ; 3 p. 100

---

(1) Les Anglais évaluent à 12,000 francs les dix années de service militaire d'un life-guard ou d'un horse-guard. La vie entière du travail d'un français égale bien la moitié de la valeur d'un life-guard ou d'un horse-guard.

seront versés à la caisse de retraite nationale, 2 p. 100 à une caisse d'amortissements et d'assurances destinée à parer aux pertes éventuelles.

Ces sommes seront employées en hypothèques sur des immeubles et jamais en rentes sur l'Etat.

Si l'on objecte que l'Etat n'est pas disposé à courir de pareils risques, nous répondrons que le gouvernement a déjà proposé de grever le budget d'une dette autrement considérable pour alimenter la caisse de retraite nationale.

Au lieu de se réserver la gestion de cette caisse et d'en convertir le capital en rentes sur l'État, ce qui constituera de nouvelles charges, lesquelles se traduiront en nouveaux impôts supportés par les travailleurs, n'est-il pas plus rationnel d'alimenter directement le travail en attribuant aux travailleurs l'emploi de ce capital ?

Ceux-ci commenceraient par se bâtir des maisons à bon marché. Au lieu de payer à des prix excessifs le loyer des taudis où ils s'entassent avec leurs familles, ils se paieraient ainsi à eux-mêmes le loyer de demeures confortables dont ils deviendraient peu à peu propriétaires par le système de l'amortissement appliqué dans toutes les Compagnies d'assurances.

Le jour prochain où les groupements syndicaux auront obtenu la personnalité civile, complément nécessaire de la loi des syndicats, le jour où les Chambres syndicales formées en Sociétés en nom collectif auront le droit de s'adresser à la petite épargne, les bas de laine se videront dans leurs caisses au lieu d'accumuler dans le Trésor public des écus improductifs qui, convertis chaque jour en rentes, aggravent incessamment les charges du budget.

Le retrait subit de tout l'argent des Caisses d'épargne, en cas de panique, peut causer des désordres incalculables.

On sait que c'est un danger permanent et que le Trésor ne serait pas en état de faire face à des réclamations trop nombreuses se produisant simultanément.

Quand l'argent des Caisses d'épargne sera représenté par des Bons syndicaux 3 0/0, émis par les syndicats munis de la personnalité civile, ce danger aura disparu. Les petits épargnistes posséderont un titre d'une valeur réelle en échange de leurs économies et ils pourront convertir en argent comptant ces Bons dont ils seront détenteurs aussi facilement qu'autrefois un billet de banque.

Cette réforme aurait pour effet de décentraliser l'épargne, et le crédit de la France, et de rendre non seulement les Syndicats solidaires entre eux par les échanges de produits mais tous les Français intéressés au travail national et à la prospérité du pays.

Enfin, quand l'épargne et le crédit seront décentralisés, il deviendra impossible à un traître d'accaparer toutes nos ressources, de les faire disparaître tout à coup au moment critique ou même de les tourner directement contre les grands intérêts de la patrie. Avant d'engager les luttes suprêmes, on appréciera l'utilité de cette précaution qu'il faut prendre sans perdre de temps.

Nous demandons en même temps :

Le vote immédiat du projet de loi sur la Caisse des retraites nationales, avec cet amendement que les sommes de sources diverses qui doivent l'alimenter soient versées aux Syndicats qui les emploieront en premier lieu à la construction de logements ouvriers.

Nous comptons que l'application de ces mesures aura pour conséquences :

1° De répartir entre les travailleurs de France les ressources et le crédit de la nation, au lieu de concentrer ces deux forces entre les mains d'une poignée d'étrangers, ennemis naturels de notre patrie ;

2° De moraliser les travailleurs par l'exercice de la solidarité et de la mutualité ; de développer leur éducation sociale et économique par l'expérience et l'usage du crédit ;

3° De rendre ces mêmes travailleurs propriétaires et par là même de les intéresser plus sincèrement au pays où ils seront attachés par les liens de la propriété ;

4° Enfin de supprimer le prolétariat, cet esclavage moderne.

Aucune objection sérieuse ne peut être opposée à ce projet essentiellement pratique. Au moment où il est question de faire aux concessionnaires d'une institution publique, la Banque de France, le cadeau gratuit d' « un milliard », nous demandons que les travailleurs de France ne soient pas oubliés par ceux qui disposent, au nom de tous, d'une telle richesse.

Si l'on prétend néanmoins, et malgré toutes les preuves contraires, que les garanties de solvabilité des travailleurs sont plus aléatoires que celles qu'offrent les juifs, nous répondrons qu'elles paraissent bien suffisantes à ceux qui votent le budget des recettes alimenté uniquement, si l'on veut aller au fond des choses, par le produit du travail français.

« Pour qu'il soit sage, à un Etat, d'emprunter, c'est-à-dire de demander aux citoyens leurs économies, il faut qu'il sache mieux qu'eux en faire usage. Les engagements que prend un Etat ne peuvent être réputés valables qu'autant qu'ils ont un but moral. Il faut que ces engagements soient commandés par les intérêts du pays ou que, tout au moins, ces intérêts s'en soient accomodés. Pour que la postérité se sente dûment engagée et ne ressente aucune velléité de revision, il faut que les objets auxquels ont été affectés les ressources demandées au « Crédit, n'excitent ni sa haine, ni son mépris. » En faisant appel au crédit, les gouvernements doivent, autant que possible, « en appliquer les ressources à des usages productifs, » afin de transmettre aux races futures, à côté du fardeau d'une dette, une source qui permette de l'acquitter. » (1)

Il est possible que dans un avenir rapproché la France refuse de payer la dette contractée envers les juifs parce que cette dette lui inspire « haine et mépris. »

Les générations futures ne renieront jamais la dette contractée en faveur des travailleurs français, parce que cette dette aura créé « une source qui permettra toujours de l'acquitter. » (2)

(1) Michel Chevalier.

(2) Voir à la fin de cette brochure la pétition adressée aux Pouvoirs publics pour tous les travailleurs de France.

XI. — LE SPECTRE ROUGE

Les juifs et les Rothschild en particulier ont toujours été en relations avec les révolutionnaires. Les juifs, vagabonds et naufrageurs de race, sont toujours en guerre avec la société.

Le travailleur chrétien se croyant protégé par les lois et par le Gouvernement qu'il paye, est très difficile à mobiliser et n'a pas de ressources pour sa défense économique individuelle.

Le juif, toujours en route, est prêt à tout ; essentiellement opportuniste, il est prêt à *satisfaire à tous les besoins* à son profit.

Dès qu'il voit que le peuple mécontent se prépare à la révolution, il entre dans le mouvement afin de le dévier pour son compte.

Il n'y a qu'à relire l'histoire des cent dernières années pour voir que les révolutions se sont toutes terminées par l'écrasement du peuple et une victoire juive; eux seuls ont toujours profité de tous les évènements ; il faut que la prochaine révolution soit contre eux, et *elle le sera.*

Les juifs et les spéculateurs se trouvent en présence de deux mouvements dangereux pour eux, l'organisation syndicale des travailleurs, trop décentralisée pour qu'ils puissent s'en emparer, et du mouvement antisémite qui s'attaque à leur personne en démontrant qu'ils sont anonymement les seuls détenteurs de la richesse publique, du pouvoir gouvernemental et du droit au travail.

Lorsque cette conviction sera entrée dans le cerveau des masses, leur heure aura sonné.

A côté du mouvement socialiste s'est créé le mouvement anarchiste.

Les vrais anarchistes, convaincus de la mauvaise foi des dirigeants et de l'impossibilité actuelle des réformes pacifiques, prêchent la destruction, laissant au lendemain la tâche de se suffire à lui-même. Ces hommes, du reste, ne se font pas d'illusions, ils se savent sacrifiés et savent que le lendemain ne sera pas à eux ; ils espèrent en tombant avoir assez brisé pour permettre à la société nouvelle de se constituer d'après ses besoins. Ces hommes agissent seuls ; leur principe peut se résumer en deux mots : *Expropriation, groupement libre.*

Ils agissent seuls, car ils savent que la société actuelle n'est qu'un chaos de polices et que partout où trois hommes se réunissent, il y a un traître.

Etant donné la constitution de ce nouvel élément, il est ouvert à tous, aux convaincus, aux criminels de droit commun qui cherchent un prétexte, aux policiers, à l'agent provocateur, et c'est là que le juif, conspirateur éternel, sait d'une façon merveilleuse, suggestionner ses instruments.

Eh bien! il faut le dire hautement, malgré leur habileté, les juifs n'arriveront pas à dévier le mouvement social ; il n'y a plus de symbole à abattre, et les travailleurs ont compris que, pour eux, le salut était dans les deux formules : Syndicat et Guerre aux parasites.

Du reste, qu'ils le sachent bien. Si par leurs intrigues, ils arrivaient à déchaîner la guerre fatale qui doit leur permettre de s'échapper dans le tourbillon, ils n'échapperont pas au châtiment, *la justice du peuple veille sur eux pour la défense de la patrie.*

Pour terminer, nous allons donner un rapide aperçu de la carrière de Ravachol, de Rothschild ensuite, et nous demanderons aux Français, dans leur conscience, de conclure.

XII. — RAVACHOL

Il suffit de lire les journaux du jour pour connaître l'histoire officielle et officieuse de Ravachol ; je ne l'ai jamais rencontré, je ne le connais donc que par ses actes et ne puis l'apprécier que par eux.

Son origine est allemande, l'*Intransigeant* dit qu'il est juif ; il n'a jamais passé par la grande école nationale de l'armée, il ne peut donc pas comprendre et juger les sentiments qui font battre les cœurs français.

Il a dans son passé des actes injustifiables, s'il est exact qu'il a violé la sépulture d'une femme, assassiné un vieillard pour le voler et servi d'agent indicateur à la police de Saint-Etienne.

Laissant de côté ces faits, je ne parlerai que de sa carrière politique dans ces temps derniers.

Je lui reproche d'avoir mis en danger des innocents et de n'avoir atteint aucun puissant ; les juges eux-mêmes menacés par lui, ne sont que des instruments et des agents ; son action semble plutôt faite pour exaspérer la masse populaire et créer des défenseurs aux véritables coupables que pour frapper les rois du jour.

Si nous laissons de côté pour un instant ses procédés et les conséquences de ses actes, et si nous ne nous occupons que de la sanction probable qu'ils vont recevoir, nous voyons forger des lois pour envoyer à l'échafaud l'homme qui, après tout, n'a fait sauter que des escaliers et porté la terreur dans les entrailles des possédants.

Voilà un homme qui va peut être mourir pour avoir tenté une démonstration sans résultat.

Nous allons exposer les actes de Rothschild, le roi des juifs, depuis son entrée en France : entre les deux, la France jugera.

XIII. — ROTHSCHILD ENNEMI DE LA FRANCE

Nous disons que les Rothschild sont les ennemis de la France, nous allons le prouver.

Arrivés en France il y a environ soixante-quinze ans, ils ont, sans rendre aucun service, accumulé près de trois milliards, plus que l'Église n'avait accumulé en dix-huit cents ans, à charge d'élever les enfants, de secourir les pauvres et de soigner les malades de France.

Les Rothschild se sont emparés du contrôle souverain de la Banque, de la propriété et du contrôle des principaux chemins de fer, de la propriété et du contrôle des principales compagnies d'assurances, propriétaires anonymes d'une richesse incalculable. Ils se sont emparés d'un domaine foncier qui constituerait un royaume, et en immeubles d'une grande partie de Paris. Jamais roi de France n'a possédé le dixième de leur fortune ou de leur puissance.

Pour tout cela, ils n'ont jamais rendu un service au pays, ils n'ont jamais rempli de fonctions publiques, ils n'ont jamais pris de responsabilité dangereuse au profit de la nation. Je dirai plus, ils ont toujours prêté leur concours aux ennemis de la France, et leur fortune provient de nos désastres.

Citons quelques-uns de leurs principaux méfaits : *la concession du Chemin de fer du Nord*, telle qu'elle a été relatée par Benoît-Malon dans la *Revue socialiste*, constitue une des opérations les plus éhontées des temps modernes ; un jour viendra où une cour de justice aura à se prononcer sur les origines des fortunes juives en France.

Pour nous en tenir aux méfaits récents, citons les honteux profits faits de connivence avec Bleichroeder, leur agent, sur le change des cinq milliards de la rançon de guerre.

On estime à 600.000.000 la perte pour la France et le gain pour eux.

Nous citerons ensuite la livraison de Suez aux Anglais, le transfert des actions fut fait dans le bureau et par les soins de Rothschild. Combien a-t-il gagné pour livrer aux Anglais l'œuvre du travail français et l'Egypte?

Nous retrouvons Rothschild dans le désastre de l'Union générale dont la fortune française ne s'est pas encore relevée. C'est encore lui qui, avec Secrétan comme homme de paille, est mêlé à toutes les infâmies de l'affaire des cuivres, et qui spécule sur les mauvaises cartouches livrées à nos soldats.

Quand d'un côté il a tari toutes les ressources, il passe de l'autre et ruine le Comptoir d'escompte.

Quelque temps après, pour éviter des conséquences funestes à ses intérêts, il envoie en Angleterre l'or de la France, et en disant que c'est lui qui l'envoie, je ne fais que répéter les paroles de M. Lidderdale, directeur de la Banque d'Angleterre, à un banquet dans la Cité.

Interpellé au sujet de l'or français, il répond : « Ce n'est pas à la France que nous devons ce service; c'est à l'influence de lord Rothschild ici présent et de sa famille en France. » Il est temps que le peuple sache ces choses et qu'il se réveille avant qu'il ne soit trop tard.

Je termine par l'emprunt Russe contre lequel Rothschild a tout fait; l'alliance Russe le gêne, car la France alliée à la Russie et l'or Russe en dépôt à Londres venant en France, l'équilibre monétaire du monde change au détriment des juifs. L'alliance russe ne se fera jamais tant que Rothschild sera le maître de la fortune française.

Il est temps de l'arrêter. Pour conclure, nous donnerons la liste des fonctions à lui livrées en France.

Encore un peu, il n'y aura plus de la France qu'une apparence trompeuse et vide, et au jour du danger, nous verrons que tous nos organes livrés à Rothschild nous trahiront, et ce jour-là, ce sera

La Fin de la France.

1° Banque de France. *Régent :* Baron Alphonse.

2° Chemin de fer du Nord. *Président du Conseil d'administration :* Baron Alphonse; *administrateurs :* baron Gustave, baron Alfred, lord Rothschild, baron Arthur.

3° Chemin de fer de Vassy à St-Dizier. *Président du Conseil d'administration :* baron Alphonse.

4° Chemin de fer du Sud de l'Autriche, dits chemins Lombards. (Comité de Paris) : *Président :* baron Alphonse; *administrateurs :* baron Gustave, lord Rothschild. — (Conseil de Vienne) baron Albert.

5° Chemin de fer de Madrid à Saragosse (Comité de Paris) : Baron Gustave, *administrateur.*

6° Chemin de fer P. L. M. : baron Gustave, *administrateur.*

7° Cie d'assurances générales (Incendie). *Conseil d'administration* Baron Alphonse, *vice-président.*

8° Cie d'assurances générales maritimes. *Conseil d'administration :* Baron Alphonse, *vice-président.*

9° Cie d'assurances générales sur la Vie. *Conseil d'administration :* Baron Alphonse, *vice-président.*

10° La Nationale (Incendie) : baron Gustave, *administrateur.*

11° La Nationale (Vie) : baron Gustave, *administrateur.*

12° Chemin de fer de l'Est : *administrateurs*, baron Alphonse, baron Edouard.

13° Syndicat du chemin de fer de Grande Ceinture : baron Alphonse, *président*.

14° Charbonnages belges à Frameries. Siège social à Mons. *Président du Conseil d'administration :* baron Edmond ; Lambert de Rothschild, *administrateur*.

Et cœteri, et cœtera.

CONCLUSION

Tous les faits d'importance secondaire à l'aide desquels le cerveau de la nation est amusé ont pour but d'empêcher la compréhension de ce que nous avons cherché à expliquer.

Il est difficile de se faire écouter quand on veut parler de choses sérieuses. Pour y arriver il faut employer tous les moyens afin de dominer les bruits de la rue.

Dans ces quelques pages il y a beaucoup de choses. Ceux que ces questions intéressent pourront en suivant les pistes indiquées arriver au cœur des questions actuelles.

Nous cherchons pour l'instant à appeler l'attention du pays sur la Banque de France, sur la puissance qu'elle détient et sur le danger qu'il y a à la laisser entre des mains ennemies de la nation.

Bien que partisans, dans certains cas, de la violence, mes amis et moi qui marchons sciemment et froidement à la révolution sociale nécessaire, avec des principes, des modes d'action et un but, nous tenons à ne pas nous confondre avec l'anarchie, parce que nous croyons qu'en affolant les travailleurs timides elle sauvera les exploiteurs.

Que les vengeurs agissent seuls s'ils le désirent, qu'une tête tombe au prix d'une tête s'il le faut, mais pas de victimes innocentes, c'est faire le jeu de tous nos ennemis.

Notre devise à nous sera l'organisation du travail national au profit des Français.

Rendez-vous le 14 mai, à 8 h. 1/2, au Tivoli-Vauxhall pour protester contre le renouvellement du privilège de la Banque de France avant les élections générales.

Paris, le 20 *avril* 1892.

MORÈS ET SES AMIS.
88, rue du Mont-Thabor.

PÉTITION

DES TRAVAILLEURS DE FRANCE AUX POUVOIRS PUBLICS

Messieurs les Sénateurs,

Messieurs les Députés,

L'insuffisance de la loi de 1884, autorisant la création des syndicats ouvriers, est démontrée par huit années d'expérience. En présence des conflits chaque jour envenimés entre le capital et le travail ; en présence des nécessités sociales qui augmentent constamment ; en présence aussi des charges nouvelles imposées aux Français, il est nécessaire de la perfectionner sans délai.

Les chambres syndicales, dont les noms suivent, vous demandent :

I. D'accorder aux syndicats la personnalité civile et de les déclarer d'utilité publique.

II. D'imposer à la Banque de France, dont on vous demande de renouveler le privilège, l'obligation de créer un *Crédit ouvrier* qui sera constitué d'après les principes et aux conditions qui suivent :

1° Chaque travailleur ayant satisfait à la loi militaire recevra un livret lui donnant droit à un crédit maximum de 5,000 francs,

2° L'usage de ce crédit ne lui sera acquis que sur la garantie d'un groupement syndical pour un but de travail déterminé ;

3° Si le travailleur veut changer de groupement syndical, la mutation sera faite par une chambre syndicale de compensation ;

4° Les groupements syndicaux s'engageront à payer un intérêt de 5 p. 100 sur les crédits employés, dont 3 p. 100 seront versés à la caisse des retraites nationales et 2 p. 100 à la caisse d'amortissement et d'assurances destinée à parer aux pertes éventuelles ;

5° Ces sommes seront employées en hypothèques sur des immeubles mais jamais en rentes sur l'Etat.

Les chambres syndicales soussignées vous demandent encore :

III. De voter la création d'une caisse de retraite nationale gérée par les syndicats et dont les fonds seront consacrés à la construction des logements ouvriers qui constitueront la source des revenus de ladite caisse et formeront ainsi une garantie indiscutable.

IV. D'autoriser les chambres syndicales à recevoir les versements de l'épargne et à émettre des Bons syndicaux au porteur, produisant 3 p. 100 d'intérêt et susceptibles de circuler dans le commerce. Les sommes provenant de ces versements pourront être utilisées par les syndicats à la construction d'immeubles d'utilité publique et privée et à l'exploitation de leur industrie.

Les soussignés considèrent qu'il est urgent d'alléger par ces mesures la misère générale et, en les distribuant aux travailleurs français, de protéger le crédit et l'épargne contre les accapareurs et les traîtres.

Représentants du peuple, la fortune de la France est menacée à l'intérieur et à l'extérieur.

Faites votre devoir !

(Les citoyens qui approuvent cette pétition sont priés de la détacher et de la signer, de la faire signer et de l'envoyer aux représentants de leurs départements respectifs, sénateurs et députés).

IMPRIMERIE HAYARD, 17, RUE SAINT-JOSEPH, PARIS

www.ingramcontent.com/pod-product-compliance
Ingram Content Group UK Ltd.
Pitfield, Milton Keynes, MK11 3LW, UK
UKHW021015200726
13857UKWH00004B/1469